Helmut G. Sieczka Das kleine Atembuch

Von Helmut G. Sieczka sind lieferbar:

Chakra
Energie und Harmonie durch den Atem

Danke für diesen Tag
Affirmationen – kreative Gedanken

Sich selbst erkennen
Affirmationen – kreative Gedanken

Affirmationskarten-Sets in Mini-Kassetten:
Bach-Blüten
Lebensfreude – Stille – Harmonie
Liebevolle Beziehungen
Heilende Gedanken
Atmen – Spiritualität – Frieden
Innerer und äußerer Reichtum
Sich selbst bewußt sein
Du bist liebenswert

Helmut G. Sieczka

Das kleine Atembuch

Wunderbar einfache Atemübungen für jeden Tag!

Oesch Verlag
Zürich

Die Deutsche Bibliothek – CIP-Einheitsaufnahme

Sieczka, Helmut G.

Das kleine Atembuch : wunderbar einfache Atemübungen
für jeden Tag / Helmut G. Sieczka. –
Zürich : Oesch, 1995

ISBN 3-85833-496-0

Einbandgestaltung: Heinz von Arx, Zürich
Photo: TONY STONE / Steve Taylor
Druck und Bindung: Ebner Ulm

ISBN 3-85833-496-0

2 4 6 5 3 1

Für Caroline

Der Atem
ist der Atem der Gnade Gottes,
und dieser Atem ist es,
der die Seele zum Leben
erweckt.

Solange die Seele nicht von
Bewußtsein belebt ist, gleicht sie
dem Vogel, der noch nicht
flügge ist.

Weisheit der Sufis

Inhalt

Zum Geleit

Atemarbeit und Atemschulung ist ein uralter spiritueller Weg.

Mystiker, Meister, Yogis und Weise aller Hochkulturen kannten diesen Weg. Jesus, Gautama Buddha, Laotse und Meister Eckhart, um nur einige zu erwähnen, waren mit dem *bewußten Atmen* vertraut. Sie nutzten den Atem als Tor, um ein höheres Bewußtsein zu erlangen; zur spirituellen Reinigung und zur Läuterung von Körper, Geist und Charakter.

In meiner Ausbildung zum Atemlehrer und in meiner langjährigen therapeutischen Praxis habe ich eine Vielzahl von Atemübungen und Atempraktiken kennen, nutzen und lieben gelernt. Theoretische und praktische Studien über die Atemarbeit ließen mich erkennen, daß dieses Thema unerschöpflich ist; wieviel an innerem Reichtum darin verborgen liegt.

Dicke Folianten ließen sich über den Weg zum »richtigen Atmen« schreiben, aber Wesentliches kann auch sehr kurz dargestellt werden. Es ist meine

Meinung und meine Hoffnung, daß durch die Knappheit und Kürze dieses Büchleins viele Menschen sich dazu ermutigen lassen, wieder einmal bewußt zu atmen; diese wenigen Seiten zu lesen und sofort mit den einfachen Übungen zu beginnen.

»Das kleine Atembuch« ist also ein Übungsbüchlein, das täglich genutzt werden will. Es hat Platz in Ihrer Hand- oder Aktentasche, in Ihrem Rucksack, in Ihrer Jackentasche. Um Ihnen die Übungen zu erleichtern und als Gedächtnisstütze finden Sie auf dem hinteren Buchdeckel eine Karte aufgeklebt, die Sie überallhin begleiten wird, wenn Sie nur wollen.

Theoretischen Ballast dürfen Sie im »Kleinen Atembuch« nicht erwarten. Weiterführende Literatur zum Thema finden Sie im Literaturverzeichnis (Seite 61).

Für den Anfang genügt es schon, daß Sie das Bedürfnis hegen, sich selbst etwas näher kennenzulernen. Sie haben das richtige Hilfsmittel in der Hand, wenn Sie neugierig sind und bewußt mit dem in Kontakt treten wollen, was Sie für die nächsten drei Minuten am Leben hält: mit Ihrem Atem!

Manche Atemübungen sind kompliziert und ausgesprochen schwer erlernbar, andere dagegen sind sehr einfach anzuwenden. Ich selbst bevorzuge einfache Übungen; denn *leicht ist richtig und richtig ist immer leicht!* 1981 lernte ich von Leonard Orr, dem Begründer des Rebirthing-Atmens, zwei einfache Atemübungen, die ich seither fast täglich anwende und die ich Ihnen in diesem Büchlein eingehend vorstellen möchte.

In meiner langjährigen Tätigkeit als Atemlehrer und -therapeut habe ich diese Übungen nach meinen persönlichen Erfahrungen und Erkenntnissen abgewandelt und variiert. Sie sind also vielfach erprobt und können von Ihnen ohne Vorbehalte sofort geübt und danach täglich angewandt werden. Ich bin sicher, daß Sie sich bald wohler und entspannter fühlen werden und daß Ihnen die Übungen so viel Freude bereiten, daß Sie bald neue – Ihre eigenen! – Varianten herausfinden und erproben werden. Daheim, in der Natur, auf Reisen und am Arbeitsplatz.

Dieses Büchlein ist meine Einladung an Sie, endlich nach Hause, endlich zu sich selbst zurückzufinden.

Auf Ihren Entdeckungsreisen in die Welt des Atmens wünsche ich Ihnen schöne, lichtvolle und stille Augenblicke der Einkehr und Erholung.

Pfaffenhofen, im Januar 1995

Helmut G. Sieczka

Atem ist Leben!

Wir leben in einer atemlosen Zeit. In einer Zeit, in der nur der Wandel konstant bleibt, haben wir den inneren Halt verloren und jagen ruhelos und umtriebig Äußerlichkeiten und Glücksverheißungen hinterher; in der Hoffnung, sie zu erhaschen und festzuhalten. Unser Blick ist fast nur nach außen gerichtet. Versuchen wir doch wieder einmal nach innen zu schauen, hören wir auf unser Ich und suchen wir nach seelischer Harmonie, tiefer Ruhe, Geborgenheit, Zufriedenheit und Zuversicht.

Der Atem ist dafür ein Schlüssel. Er kann uns Tore öffnen und Durchgang für all jenes sein, das wir uns so sehr wünschen. Wonach wir uns so sehr sehnen.

Der Atem erhält uns am Leben. Er ist die Verbindung zur Seele, die ohne ihn den Körper verlassen müßte. Der Atem schenkt uns Vitalität, Lebendigkeit, inneren Halt, Lebensmut und Freiheit für Seele und Geist. Er löst unsere körperlichen Blokkaden und versetzt unseren Körper in einen Zustand des Wohlbefindens.

Mit diesen Atemübungen wollen wir herausfinden, bewußt entdecken, welche befreiende Wirkung die Atmung, das Atmen in unserem Leben spielt. Wir erfahren unseren Atem, wenn wir wach und bewußt dieses wunderbare Geschehen wahrnehmen. Deshalb nennen wir diese Übungen *bewußtes Atmen*.

Was bewußtes Atmen bewirken kann

Bewußtes Atmen …

- hält Körper und Geist gesund
- aktiviert Selbstheilungskräfte und unterstützt Heilungsverläufe positiv
- stärkt die Organe in ihren Aufgaben
- fördert den Stoffwechsel
- beschleunigt den Zellaufbau
- kann Schmerzen zum Abklingen bringen oder gar stillen
- harmonisiert das Nerven- und Kreislaufsystem
- versorgt unser Energiesystem mit Lebensenergie und steigert die Vitalität
- stärkt das Selbstvertrauen und fördert das Selbstbewußtsein

Bewußtes Atmen …

- vereint Körper, Seele und Geist
- führt uns zu meditativen Erlebnissen
- bewirkt tiefe innere Ruhe und Gelassenheit
- schafft einen ruhigen Verstand und stärkt die Klarheit des Geistes
- steigert Sensibilität und Empfindungsfähigkeit
- neutralisiert negative Gedanken und Erfahrungen aus der Vergangenheit
- erweitert unser Bewußtsein
- erhöht die Wahrnehmungsfähigkeit
- läßt uns die verschüttete Fähigkeit, natürlich und frei zu atmen, wiederfinden

Dies alles sollen zwanzig Atemzüge bewirken können? Vielleicht denken Sie, daß dies einem wahren Wunder gleichkäme, wenn diese Verbesserungen allein mit bewußtem Atmen zu erreichen wären.

Ja, es ist ein Wunder. Denn unsere Atmung selbst ist das Wunder! Versuchen Sie doch einmal, die nächsten fünf Minuten nicht zu atmen. Sie wissen, daß Sie dies gar nicht erst versuchen werden, weil dies für Ungeübte einfach nicht möglich ist. Atmen ist das Wichtigste im Leben. Atmen erhält Sie am Leben! Aber wieviel *Beachtung und Aufmerksamkeit* schenken Sie der Quelle Ihres Lebens? Wann haben Sie zum letztenmal bewußt ein- und ausgeatmet? Wir beachten unseren Lebensquell kaum, weil es für uns das Selbstverständlichste auf der Welt ist.

Nun, Wunder kann und will ich Ihnen tatsächlich nicht versprechen. Zwanzig bewußte Atemzüge können die Wirkungen, die ich aufgezählt habe, nicht hervorbringen. Aber wenn Sie regelmäßig und täglich üben, dann läßt sich das Gewünschte leichter erreichen. Sie werden nach und nach ein starkes Bewußtsein für Ihre Atmung entwickeln.

Beginnen wir. Ich lade Sie zu einer persönlichen Erfahrung ein, zu Ihrer *ersten bewußten Atemübung.*

Sie wird nicht länger als etwa 45 Sekunden dauern … Diese einfache Übung aber kann Ihr Leben verändern!

Der Atem,
von dem die alten Texte sprechen,
ist Ausdruck eines dynamischen Erlebnisses
jener vitalen Kraft, die mit jedem
Atemzug erweckt wird.

Sie wirkt sich aus in unserem Blutstrom,
verwandelt sich in innere feinere Formen
von Energie, sie schafft eine neue Art
des Körperbewußtseins.

Lama Govinda

Erste Atemübung

So zerstreut du bist,
lerne auf den Atem achten.

Buddha

Zwanzig verbundene Atemzüge

Diese Übung kann täglich, zu jeder Zeit und überall durchgeführt werden – beim Aufwachen am offenen Fenster, auf der Fahrt zur Arbeit, am Arbeitsplatz, nach der Mittagspause, in der Freizeit. Allein oder mit anderen zusammen. Zur Not mitten im hektischen Alltag oder in freier Natur. So oft Sie nach der Eingewöhnungsphase, die etwa zehn Tage, aber auch etwas länger dauern kann, das Bedürfnis verspüren.

Beachten Sie bitte folgende Regeln:

1. Machen Sie vier kurze Atemzüge, danach einen langen Atemzug. Wiederholen Sie dies dreimal.

2. Versuchen Sie das Einatmen und das Ausatmen miteinander zu verbinden.

3. Lassen Sie zwischen den einzelnen Atemzügen keine Pause entstehen.

4. Atmen Sie bei den ersten vier Atemzügen ruhig, natürlich und gleichmäßig. Beim fünften Atemzug atmen Sie tief in die Brust hoch und ganz entspannt wieder aus.

5. Atmen Sie nur durch die Nase, halten Sie den Mund geschlossen.

6. Versuchen Sie in einem »kreisförmigen« Rhythmus zu atmen.

7. Wenn Sie diese zwanzig Atemzüge mehrmals wiederholen und üben wollen, legen Sie nach jedem Atemzyklus eine kleine Pause ein.

8. Während dieser Pause atmen Sie in Ihrem natürlichen Rhythmus weiter, in dem Sie gewöhnlich atmen.

Nehmen Sie jetzt, wie beschrieben, zwanzig verbundene Atemzüge.

Ist diese Übung nicht wunderbar? Sie ist »Energieatmen«. Wie wirkt diese erste Atemerfahrung auf

Sie? Welche Gefühle und Empfindungen haben Sie während der Übung wahrgenommen? Bemerkten Sie ein sanftes Prickeln? Ist Ihnen warm oder schwindlig geworden? Hatten Sie Mühe, Ihre Gedanken und Ihre Aufmerksamkeit bei Ihrem Atemgeschehen zu halten? Wie erleben Sie jetzt Ihren Atem – etwas tiefer, leichter, voller? Sind Sie ruhiger geworden, steht das Karussell Ihrer Gedanken still?

Lauschen Sie nach innen!

Und nun wiederholen Sie diese Übung nach einer kurzen Pause!

Vielleicht werden Sie bemerkt haben, daß die kurzen Atemzüge sich wie *eine* Welle und *ein* Ton anfühlen. Etwas hat sich in uns vereint. Der lange Atemzug dagegen gibt Ihnen beim Einatmen ein Gefühl von Fülle und beim Ausatmen ein befreiendes Gefühl der Entspannung. Wie schön dies sein kann, hat *Goethe* in einem Gedicht ausgedrückt:

Im Atemholen sind zweierlei Gnaden:
die Luft einziehen, sich ihrer entladen.
Jenes bedrängt, dieses erfrischt,
so wunderbar ist das Leben gemischt.

Du danke Gott, wenn er dich preßt,
und dank' ihm, wenn er dich entläßt.

Zweifeln Sie nicht, wenn Sie heute noch wenig verspürt haben – dieses »neue« Gefühl und diese Empfindungen werden sich bald einstellen. Für heute aber ist es genug: Wenn Sie noch keine Erfahrung mit dem Atemtraining haben, sollten Sie nicht zuviel üben. Unsere *Zwanzig verbundenen Atemzüge,* so einfach sie auf uns wirken, sind eben doch voller Kraft – und deshalb für uns neu und überraschend.

Für die nächsten zehn Tage wiederholen Sie diese Übung täglich nur einmal. Ihr Körper und Ihr Energiesystem müssen sich zuerst an die vermehrte Kraft gewöhnen, die Sie nun durchströmt.

Jedesmal, wenn Sie üben, werden Sie Neues entdecken und wahrnehmen. Wenn Sie die *Zwanzig verbundenen Atemzüge* über einen längeren Zeitraum praktizieren, auf den Rhythmus lauschen und ihm nachgeben, werden Sie intensiver leben. Sie werden bemerken, wie Sie zum Leben immer öfter *ja* sagen.

Negative Gedanken werden sich wandeln und auf der energetischen Ebene überwunden, »veratmet«. Körper, Seele und Geist werden auf wunderbare Weise mit »lichtvoller Energie« durchflutet. Die *Zwanzig verbundenen Atemzüge* werden Ihnen helfen, gesund zu bleiben oder gesünder zu werden. Unsere erste Übung, die Sie ein Leben lang begleiten kann, ist eine sehr heilsame und sanfte Methode, um unsere Selbstheilungskräfte zu aktivieren.

Neun Grundsätze

Stell dir jetzt vor, du seiest ein Adler
auf jenem Felsen.
Atme die Luft! Atme, wie du zuvor
noch nie geatmet hast,
laß den Wind dich atmen!

Fühle, wie der Wind
durch deinen Körper weht,
durch alle Muskeln und Fasern,
durch die Adern,
zwischen den Atomen
hindurch …

Reshed Feild

Bei jeder Atemübung beachten Sie bitte die folgenden neun Grundregeln:

1. Nehmen Sie sich Zeit

Für eine »Begegnung mit dem Atem« brauchen wir Zeit und uneingeschränkte Aufmerksamkeit. Je länger Sie sich Zeit dafür nehmen, Ihre Gedanken ordnen, Ihren Körper entspannen, desto wirksamer sind Atemübungen. Empfangen Sie Ihren Atem wie einen lieben Freund! Die Kunst, Zeit zu haben, ist eng mit der Freundschaft, mit dem Atmen verbunden.

2. Schaffen Sie sich Raum

Dieser Grundsatz gilt vor allem für die zweite Atemübung, ist aber auch ideale Voraussetzung für die erste, auch wenn wir diesem Grundsatz natürlich nicht immer und überall nachleben können.

Damit Sie in Ruhe und gelassen üben können und sich ein heilsames Energiefeld aufbauen kann, brauchen Sie einen ruhigen Übungsort, an dem kein Reden, kein Lärm und keine Hektik Sie stören kann.

3. Machen Sie es sich bequem

Tragen Sie wenn möglich luftige, leichte und bequeme Kleidung; ziehen Sie Ihre Schuhe aus. Legen Sie Ihren Schmuck, Ihre Armbanduhr beiseite.

Auch dies sind ideale Voraussetzungen, die nicht immer erfüllt werden können.

4. Üben Sie ungestört

Richten Sie Ihre täglichen Übungszeiten nach den äußeren Umständen, schaffen Sie sich wenn möglich zeitliche Freiräume, in denen Sie ungestört üben können. Informieren Sie Ihre Familienangehörigen, Partner und Arbeitskollegen darüber.

5. Achten Sie auf Ihre innere Haltung

Seien Sie mit ganzem Herzen bei der Sache! Verspüren Sie inneren Widerstand, gerade jetzt und hier Ihre Atemübung zu beginnen, dann zwingen Sie sich *nicht* dazu. Es darf für Sie kein *Muß* geben. Versuchen Sie einfach später erneut zu beginnen.

Eine gewisse Ausdauer, etwas Durchhaltevermögen, ja ein wenig Disziplin dürfen Sie aber aufbringen. Wenn wir für uns einen neuen Rhythmus finden wollen, sind sie notwendig. Bald werden sie aber von der Freude abgelöst werden, die uns nach jeder gelungenen Übung durchströmen wird.

6. Üben Sie sich in Geduld

Wachsen Sie langsam in Ihre Atemarbeit hinein, indem Sie lernen, liebevoller und rücksichtsvoller mit sich selbst umzugehen. Haben Sie mit sich selbst Geduld, auch wenn sich der Erfolg nicht sofort einstellen sollte.

Brechen Sie Übungen ab, wenn sich bei Ihnen Unwohlsein oder Schwindelgefühle einstellen. Sind Sie von Kreislauf- oder Herzproblemen betroffen, sprechen Sie mit Ihrem Arzt. Er kann Sie darüber beraten, ob diese Übungen geeignet sind, Ihre Gesundheit zu fördern.

7. Gehen Sie in kleinen Schritten

Üben Sie nicht zu häufig und nicht zu oft hintereinander. Menschen, die zuviel üben, verlieren oft nach kurzer Zeit die Freude an der Sache und suchen nach Neuem. Betrachten Sie diese Übungen bitte nicht als eine »Technik«, die sie meisterhaft beherrschen sollen. Lernen Sie langsam die Atemübung als eine Art von lebenslangem bewußtem Begleiter schätzen.

8. Nicht die Leistung zählt!

Unser westliches Denken und Fühlen ist auf Erfolg, Leistung, das Erreichen von gesetzten Zielen ausgerichtet. Wir verfolgen mit dem bewußten Atmen eine bestimmte Absicht, und dies ist auch richtig so. Aber: Wer leistungsorientiert an das bewußte Atmen herangeht, es darin zu sportlichen »Höchstleistungen« bringen will, verfehlt etwas ganz, ganz *Wesentliches.*

In der Atemarbeit finden wir Ruhe, Stille, Gelassenheit. Lernen wir zu warten, die schöpferischen Pausen zu genießen, werden wir im besten Falle eins mit uns selbst und mit der Welt, die uns umgibt. Atem*arbeit* bedeutet für uns keinen Zwang, sondern gelassene innere Sammlung und konzentrierte Aufmerksamkeit. Für dies sollten wir unsere Energie einsetzen und keineswegs für »Rekordleistungen«. Nur dann werden wir unseren Atem und damit uns selbst ganzheitlich erleben.

9. Vertrauen Sie auf Ihren Atem

Die Energie des Atems ist spiritueller Natur. Das Wort Inspiration aber, *inspiratio,* stammt aus dem Lateinischen und bedeutet »Einhauchung«, auch »Eingebung, Erleuchtung«. Aus einer »anderen Ebene« also erhalten wir Informationen für unser Leben. Aus der Seele, von unserem höheren Selbst, von Gott? Wie auch immer wir die Herkunft der Inspiration deuten und benennen wollen, mit einer bewußten Atmung ist es möglich, daß wir diese Informationen besser entschlüsseln und verstehen können. Aus der Lehre von den Chakren wissen wir, daß feinstoffliche Energie und Informationen in unsere Energiezentren transformiert werden. Die bewußte Atmung hilft uns dabei. Lernen wir unserem Atem also zu vertrauen.

Zweite Atemübung

Da sitzen die Weisen
und grübeln über die Rätsel des Seins
und das Weltengeheimnis;
ich aber atme bewußt.

Laotse

Energieatmen

Sieben Atemphasen mit jeweils zwanzig Atemzügen

Beginnen Sie mit dieser Übung erst, wenn Sie die *Erste Atemübung* schon *mehrere Wochen praktiziert* haben. Grundsätzlich liegen den 140 Atemzügen der *Zweiten Atemübung* die *Zwanzig verbundenen Atemzüge* zugrunde. Die neue Übung beinhaltet jedoch Varianten und ist – allein auf Grund der Zeitdauer, die sie beansprucht – um einiges anspruchsvoller. Wenn wir sie üben, müssen wir auch die *Neun Grundsätze*, die wir vorher miteinander festgelegt haben, viel stärker beachten als bei der einfacheren und kürzeren Übung. Bitte rufen Sie sich die Regeln noch einmal in Ihr Gedächtnis.

Nun aber mit Mut und Freude an die neue Übung. Bitte befolgen Sie folgende Regeln:

1. Die 140 Atemzüge sind in 7 Atemphasen eingeteilt.
2. Setzen oder legen Sie sich bequem hin.
3. Atmen Sie mit geschlossenen Augen.
4. Achten Sie darauf, daß Sie für die nächsten zwanzig Minuten ungestört sind.
5. Atmen Sie sanft, leicht und bewußt.
6. Halten Sie den Atem nicht an; atmen Sie fließend und zusammenhängend.
7. Atmen Sie entspannt aus.
8. Lassen Sie sich Zeit.

9. Erzwingen Sie nichts, erwarten Sie nichts Bestimmtes; lassen Sie gelten, was immer sich auch zeigt.

10. Gönnen Sie sich nach jeder der sieben Atemphasen eine kleine Pause von ein bis zwei Minuten und spüren Sie, was die jeweilige Atemsequenz bewirkt.

Erster Atemzyklus

Wir beginnen die erste Atemphase mit den *Zwanzig verbundenen Atemzügen,* die wir schon kennen.

Dieser erste Atemzyklus weckt das Atembewußtsein; wir »entfachen das Feuer«. Der Zyklus bewirkt eine sanfte Aktivierung des ersten Energiezentrums, des *Wurzelchakras.* Dieses feinstoffliche Energiezentrum steht für Lebenskraft und Vitalität.

Atmen Sie durch die **Nase.** *Viermal kurz und einmal lang – zwanzig zusammenhängende Atemzüge.*

Ein bis zwei Minuten Pause.

Zweiter Atemzyklus

Dieser zweite Zyklus macht Sie darauf aufmerksam, wenn Sie verspannt, »verbissen« sind – in ihrem Leben auf die Zähne beißen müssen. Er aktiviert sanft das zweite Energiezentrum, das *Sakralchakra.* Dieses Zentrum steht für die Sexualkraft und das Durchsetzungsvermögen eines Menschen. Schieben Sie Ihre Zunge zwischen die Zähne, die Lippen bleiben geschlossen. Die Zunge bleibt während der Übung in dieser Position.

Atmen Sie durch die Nase. Viermal kurz und einmal lang – zwanzig zusammenhängende Atemzüge.

Ein bis zwei Minuten Pause.

Dritter Atemzyklus

Mit dieser Atemphase geraten Sie möglicherweise in Kontakt mit Ihren Gefühlen und Emotionen. Keine Sorge, der Zyklus besitzt eine sehr befreiende Wirkung. Sie kommen in Berührung mit dem *Solarplexus,* dem dritten Energiezentrum. Hier befindet sich das Gemüt und Ihre Gefühlswelt. Die nächsten zwanzig Atemzüge werden mit geöffnetem Mund durchgeführt. Öffnen Sie Ihren Mund etwa zwei Finger breit. Der Unterkiefer ist völlig entspannt und locker.

Atmen Sie durch den ***Mund.*** *Viermal kurz und einmal lang – zwanzig zusammenhängende Atemzüge.*

Ein bis zwei Minuten Pause.

Vierter Atemzyklus

Diese Atemphase bewirkt die Befreiung blockierter Herzensgefühle. Das *Herzchakra* kann sich öffnen, Sie leben damit mehr Offenheit, mehr Mitgefühl. Gleichzeitig bewirkt der Zyklus eine energetische »Entschlackung« von Emotionen. Im Herzzentrum harmonisieren Sie Körper, Seele und Geist.

Atmen Sie bei geöffnetem Mund durch die Nase. Viermal kurz und einmal lang – zwanzig zusammenhängende Atemzüge.

Ein bis zwei Minuten Pause.

Fünfter Atemzyklus

Diese Atemphase zeigt uns unsere Atmungsgewohnheiten und unser Atemmuster. Atemmuster ist gleich Lebensmuster! Dies bedeutet, daß wir uns im fünften Energiezentrum, im *Kehlkopfchakra,* unserer Kommunikationsfähigkeit, Kreativität und unseres Selbstausdrucks bewußt werden.

*Atmen Sie durch durch die **Nase.** Neunmal kurz und einmal lang – zwanzig zusammenhängende Atemzüge.*

Nicht vergessen: Ein bis zwei Minuten Pause!

Sechster Atemzyklus

Diese Phase kräftigt einerseits unsere Konzentration und Intuition, anderseits stärkt sie unsere Geistes- und Willenskräfte. In diesem Zentrum erkennen wir, wer wir sind. Es ist gleichzeitig auch der Kanal für unsere übersinnlichen Wahrnehmungen, unser *»drittes Auge«.*

*Atmen Sie lautlos durch die **Nase.** Viermal kurz und einmal lang – zwanzig zusammenhängende Atemzüge.*

Ein bis zwei Minuten Pause.

Siebter Atemzyklus

120 Atemzüge haben wir bewußt erlebt. Sie dienten als Vorbereitung für das Wesentlichste an unserer Übung: *für das freie Atmen.* Diese Atemsequenz verbindet Sie mit dem siebten Energiezentrum, dem *Kronenchakra.* Die letzten *Zwanzig verbundenen Atemzüge* sind für viele Menschen die schönsten Atemmomente. Sie verspüren ein starkes Einheitsgefühl und eine tiefe Harmonie. Sie fühlen sich mit einer höheren und universellen Kraft verbunden. Manche wollen immer weiteratmen und diesen Zyklus nicht beenden, weil sie sich ganzheitlich erleben und tief »in sich selbst ruhen«.

Die nächsten Zwanzig verbundenen Atemzüge lassen Sie Ihren Atem auf natürliche Weise kommen und gehen. Tun Sie nichts! Bleiben Sie wacher Zeuge. Schauen Sie nur zu, wie »es« geschieht.

Lassen Sie geschehen. Der Atem kommt von selbst und geht von selbst. Seien Sie Ihr eigener Atem. Werden Sie mit ihm eins. Finden Sie in die Stille. Bleiben Sie in tiefer Hingabe in der Mitte dieses wechselhaften Geschehens. Im wachen Dasein verbinden sich Körper, Seele und Geist. Wir selbst erleben uns in Einheit.

Der Abschluß

Nach den aktiven Atemphasen gehen Sie zur Passivphase über. Dazu legen Sie beide Hände auf den Bauch. Spüren Sie die angenehme Wärme und Energie Ihrer Hände. Mit jedem Einatmen spüren Sie in Ihrer »Handschale«, wie sich die Bauchdecke langsam anhebt und beim Ausatmen wieder senkt. Und mit jedem Atemzug gleiten Sie nun tiefer und tiefer in die Ruhe, in das Selbstvergessen.

Es gibt nichts zu tun. Alles wird still und ruhig. Bilder von einem stillen Bergsee, von einem tiefen grünen Tal tauchen vor Ihrem inneren Auge auf. Lassen Sie sich von Ihrem weisen und wissenden Atem an der Hand nehmen und führen. Vielleicht sind dies die ersten Schritte in Ihr Innerstes, in Ihr Sein; eine leise Ahnung, was es bedeutet, mit der eigenen Existenz eins zu werden, deutet sich an. Niemand kann voraussagen, wohin die Reise Sie führt. Und vielleicht erleben Sie Augenblicke, in denen Sie in der Ewigkeit verweilen.

Bleiben Sie liegen oder sitzen, solange wie es Ihnen gut tut. Danach richten Sie sich langsam auf.

Wenn Sie eine liegende Position eingenommen haben, verweilen Sie zuerst eine Spanne Zeit in der Sitzhaltung.

Machen wir uns auf den Weg!

Habe ich Ihr Interesse für bewußtes Atmen geweckt? Ich hoffe, daß es mir gelungen ist.

Beim Üben, Entdecken, Aufspüren und Finden wünsche ich Ihnen Geduld, Ausdauer und Gelassenheit. Machen Sie sich auf den Weg! Erlauben Sie sich die Freude, diese wunderbar einfachen Atemübungen in Ihren Tagesablauf zu integrieren. Jeden Tag! Ich verspreche Ihnen, daß Sie diese kleine Zeitspanne, dieses Innehalten im Alltag, bald nicht mehr missen wollen.

Wenn Sie sich eingehender mit Atem und atmen beschäftigen wollen, dann empfehle ich Ihnen, einen Kurs, eine Atemschule mit ausgebildeten Atemlehrerinnen und -lehrern zu besuchen, die Sie auf Ihrem Weg zu sich selbst begleiten werden. Lehrerinnen, Lehrer und die Kursangebote finden Sie in den Programmen der Volkshochschulen und anderer Erwachsenenbildungsstätten.

Ich wünsche Ihnen *eine gute Reise!*

Wenn Sie Lust haben, mir Ihre Erfahrungen mitzuteilen, freue ich mich auf Ihren Brief.

Bitte schreiben Sie an

Helmut G. Sieczka
Carl-Orff-Straße 15
Jahnhöhe
D-85276 Pfaffenhofen an der Ilm

Weiterführende Literatur

MARIE BORREL/RONALD MARY: *Lust auf Gesundheit.* Wie Du die innere Heilkraft weckst und nutzt. Oesch Verlag, Zürich 1994.

VOLKMAR GLASER: *Sinnvolles Atmen.* Atemschulung und Atemtherapie. Humata Verlag, Bern o. J.

HEINZ GRILL: *Harmonie im Atmen.* Vertiefung des Yoga-Übungsweges. Hugendubel Verlag, München 1994.

JOAN KENLEY: *Stimme und Erfolg.* Ein Selbsterfahrungs- und Übungsbuch. Oesch Verlag, Zürich 1992.

FRÉDÉRICK LEBOYER: *Die Kunst zu atmen.* Kösel Verlag, München 1983.

ELSE MÜLLER: *Bewußter leben durch autogenes Training und richtiges Atmen.* Rowohlt Taschenbuch Verlag, Hamburg 1983.

ELSE MÜLLER: *Du fühlst die Wunder nur in dir.* Autogenes Training und Meditation. Fischer Taschenbuch Verlag, Frankfurt 1993.

HELMUT G. SIECZKA: Auf Seite 2 dieses Büchleins finden Sie die im Oesch Verlag erschienenen Bücher und Affirmationskarten des Autors.

Weitere Titel von HELMUT G. SIECZKA:
Ich mag mich selbst (Affirmationen)
Begegnung mit dir
Kommunikation in der Partnerschaft
Chakra-Atem-Meditationen
gesprochen vom Autor (MC oder CD)
(alle erschienen im Synthesis Verlag)

Über den Autor

Helmut G. Sieczka ist Atemtherapeut, psychologischer Berater und Pulsing Instructor. Er arbeitet seit über fünfzehn Jahren im therapeutischen Bereich in eigener Praxis. Ferner leitet er Ausbildungs- und Intensivseminare in Deutschland, Griechenland und Italien.

Interessenten für die Seminare des Autors setzen sich bitte direkt mit Helmut G. Sieczka in Verbindung (Adresse Seite 60).